JN105941

勉強に必要な6つの力が育つ

6歳までの楽しい「おうち遊び」

教育専門家
小川大介

【協力】
遠山彬彦
（Dig-A-Doo）

PHP

はじめに

「子どもは、遊ぶのが仕事」
　かつてはよく聞かれたことばです。

　しかし、今はどうでしょう。どれだけの子どもが自由に遊んでいるでしょうか。
　小学校に入る前から、いくつものおけいこを掛け持ちしている子どもも少なくはありません。

　親は誰しも、「子どもが困らないように」「自分で思い描いた人生を幸せに歩めるように」と願い、できるだけのことをしよう、与えようと頑張ります。そのための情報もたくさんあります。スマートフォンをタッチすれば、滝のように情報が流れてきます。

　しかし、立ち止まって、子どもをよく見てほしいのです。

　あなたの子どもは何が好きですか？
　何を楽しんでいますか？
　それを知らずして、子どもの人生が果たして見つかっていくでしょうか。

　本書では、一貫して「遊び」の大切さを説いています。それは、「遊び」こそが、子どもの真の学びの場であり、親が子どものありのままの姿を知る唯一の機会だからです。

私はこれまでに乳幼児の親御さんから中学受験を控える家庭まで、6000回を超える個人面談を重ね、数多くの子どもたちの成長と学習に関わってきました。

　時間をかけてお話を伺うことで、ご家庭ごとの事情と子どもそれぞれの特性を詳しくつかみ、助言し、成果を重ねる。そして、子どもたちのその後の成長、受験の合否、人生の選択を見守ってきました。

　そこで確信したのは、幼児から小学校低学年までの育ち方がいかに大切かということです。何より、勉強に必要な力、人とつながる力、そして社会の中で生きていく自信にもつながる大切なもの。それが、本書でお伝えしていく「遊び」なのです。

　さあ、親子で遊びましょう。

　遊びに「正しい」も「間違っている」もありません。楽しければいいのです。

　楽しい時間を一緒に過ごすこと。

　それが子どもの一生の財産になるのです。

小川大介

第3章 数字力を 身につける遊び

第4章　空間認識力を育む遊び

第5章　想像力を培う遊び

第6章　集中力を身につける遊び

本書は、『PHPのびのび子育て』2021年1月号〜 2021年6月号の連載を大幅に加筆・修正したものである。

第**1**章

「おうち遊び」で
勉強に必要な力を
身につける

「遊び」と「学び」を
わけて考えないことが大切

🏠 「遊び」と「学び」は一体である

　この本を手に取ってくださった皆さんへ、最初にお伝えしておきたいことがあります。それは、**「遊び」と「学び」をわけて考えない**、ということ。そもそも、この2つは一体のものなのです。

　ここ数十年を見ていると、受験過熱の影響でしょうか、「学び」＝「勉強」、「遊び」＝「空き時間にすること」「無駄なこと」というような図式ができあがってしまっているように思えます。

　しかし、子どもの真の「学び」のためには2つの力が必要だと私は考えています。**ひとつは教えられることで得られる力**。この力は「訓練」によって身につくもので、学校の勉強やおけいこごとがこれに当たります。「訓練」によって与えられる力は、あたかも新しい洋服を身につけていくように、外から与えられる力です。

　もうひとつは、好奇心や興奮など自分の内側から湧き出すものをエネルギーに変える力、その思いを行動につなげていく力です。この「内なる力」は、外から与えられる「訓練」では育まれません。自分の心のおもむくままに体と頭を動かすこと、すなわち「遊び」でこそ育まれていく力なのです。

　子どもは学びながら成長していきます。**学びには、「訓練」によって身につくものと、「遊び」によって得られるものの両方が不可欠で、いずれかひとつでは真の「学び」とは言えません。**これが、「遊び」と「学び」が一体である、と私が述べる理由なのです。

🏠 子どもたちに持たせたい「自分軸」

　今、子育てにおいて「遊び」が注目されています。それは、「遊び」によって育まれるものが、今のような「先が見えない時代」の武器になるからです。

　かつては、高い学力を身につけて偏差値の高い大学に入り、大企業に就職すれば一生安泰と考えられていた時代がありました。しかし、これからを生きる子どもたちは、多様な価値観が存在する社会の中で、自分の強みを生かしつつ、一方で周囲と円滑なコミュニケーションを図りながら、世間という荒波を渡っていかねばなりません。そこで武器となるのは先に述べた「内なる力」であり、「自分軸」だと私は考えています。

　「自分軸」とは、自身の経験や価値観に基づいて、物事を自分なりに判断する基準のこと。自分軸があれば、困ったときや悩んだときに、人から与えられる評価や所属する団体の大きさに頼るのではなく、本来の自分に立ち戻ることができます。自分軸のない人は、拠り所を探し求め、右往左往することになるでしょう。

　この自分軸を形成するには、子ども時代に十分に「遊び」を経験しておくことが大切です。自分の思いのままに心や体を動かす時間をたっぷり過ごすことは、自分をたっぷり大事にしたことにほかなりません。大事にされた経験を持つ人は強くなります。そして、しなやかで、折れない人になるのです。

ポ イ ン ト

これからの時代を生きる子どもには「自分軸」が必要。それは「遊び」でこそ育まれるものである

「遊び」の本質は
心の動きを体で表現すること

🏠 心が自由に動かなければ「遊び」ではない

「遊び」ということばの意味を知っていますか？ **「心が向かうま
ま、気ままに移動する」というのが「遊び」の本来の意味で、「遊」
という漢字は神様の霊魂が散歩する姿を表している**と言われてい
ます。

古典の世界で「遊ぶ」と言うと、音楽を奏でたり、舞い踊ったり
することを指します。つまり、自然な心の動きを体で表現すること
が「遊び」なのです。重要なのは「自然な心の動きを」というとこ
ろ。前項でも少し触れましたが、**子どもの中で心が自由に動かなけ
れば、それは「遊び」ではないのです。**

親は子どもを授かってはじめて親になります。乳児のころはその
小さな命を守ることに一生懸命ですね。そして幼児になるころ、
「将来、幸せになってほしい」「大人になってから困らないように」
という気持ちから、〝子どもによさそうなもの〟を探し始めます。

親も新米ですから、手探りです。たとえば、読み聞かせをした
り、さまざまな経験をさせようとあちこちに連れて行ったり、ある
いはおけいこごとを始めさせたり……。

結果としてどうなるでしょう。子どもが勝手に好きなことをする
時間が減っていくのです。私はここに警鐘を鳴らしたいのです。読
み聞かせやおけいこを子ども自身が楽しんでいるのならいいのです
が、親が「与えている」だけであれば、そこには注意が必要です。
大切なのは、そこに「子どもの心の自由な動き」があるのかどう

か。この着眼点は忘れないようにしたいものです。

🏠 子どもの心が自由に動く「余白」をつくろう

「与えすぎ」の子育てのもっとも大きなデメリットは、子どもの心が動かなくなることです。子どもが何かを「したい」と思う前に、次から次へと与えていると、子どもは「そうか、これをすればいいんだな」とそれらをこなすようになります。

　たとえば、親からパズルをやるように促され、上手にできると親が喜ぶ……。それを繰り返していると、子どもは「親が喜ぶことをしよう」と思うようになり、自分の「好き」や「したい」「知りたい」がわからなくなってしまうのです。

　小さな子どもはいつでもおもちゃで遊ぶもの。そんなふうに思っている親御さんやおじいさん、おばあさんは意外に多いですね。楽しそうに遊んでいるシーンを見たい一心でどんどんおもちゃを買いそろえては、子どもの前に並べてあげる。親心ですね。ところが、当の本人はポカーンとして、乗ってこない、なんていう経験はありませんか？　実は、子どもの気持ちが置いてけぼりになっていたんですね。

　子育てで大切なのは、子どもが感情を発信する時間をゆっくり待ってあげること。そして、その感情に寄り添ってあげること。 ただぼんやりしたいようなら、一緒にぼんやりしてあげれば、それで十分なのです。

- - - - - ポ　イ　ン　ト - - - - -
遊びとは、心が自由に動くこと。「ためになるものを
与えてあげたい」という親心には注意が必要

「遊び」は自分の心に火をつける方法を教えてくれる

🏠 受験の世界でも「自分軸」が求められている

　子どもが大人になったときに自分らしさを存分に発揮できるように、子ども時代にたくさん遊んで「自分軸」を育てよう、と述べました。とはいえ、学力の問題は親にとって最大の関心事。「遊んでばかりじゃ不安」と思われる親御さんもいらっしゃるでしょう。そこで、近年の学校事情についてもお話ししておきたいと思います。

　私は、長く中学受験に携わっていますが、時代の変化に伴い学校が求めるものの「質」も大きく変わってきています。30年ほど前は、知識の量と問題処理の速さ、そして正確さが求められました。

　ですから、大人たちは子どもにたくさんの知識を与えようとして、より多くの問題集を解かせるようにしました。また、30年前の親の心配ごとは、他人と比べて劣っていること、でした。周りと同じか、もしくは少しでも上へと望んだのです。

　しかし、今は違います。中学受験を例にとると、重箱の隅をつつくような知識は求められなくなりました。それよりも、じっくり考えること、自分なりの答えを導き出すことが重視されています。

　学校側が求める人物像はより具体的になり、**周囲と同じことができる子ではなく、「誰にも負けない何かを持っている子」**を探しています。大人の世界もそうですね。**速さと正確さ、膨大なデータ解析は機械にお任せ。人に求められるのは、豊かな発想力と個性ある強みです。**

　これはまさに「自分軸」。**自分らしさを大きく伸ばし、それを発**

揮することができる。そんな人が今求められているのです。

「遊び」は学業にも必ずプラスに作用する

　もうひとつ、「遊び」の効果について述べておきたいと思います。私の経験から見て、**子ども時代にしっかり遊んだ子は、のちのち、学業の面においてもググッと伸びてくることが多いと言えます。**

　これは、「遊び」によって総合的な知識を身につけたことに加えて、好きなことを思いきりやることによって集中力が培（つちか）われたこと、そして何より「私はこれが好き！」「ぼくはそれが知りたい！」と感情を強くはっきり認識できるようになっているからだと思います。

　好きな遊びに熱中しているとき、子どもの中ではすべてのセンサーがビンビンに働いています。見たものすべてに興味を持ち、自分からどんどん探求していくようになります。これは「遊び」も「勉強」も同じこと。**「できるようになりたい」「知りたい」という気持ちがあるからこそ伸びるのです。**

　一方、この経験が少ないと、センサーが錆（さ）びついてしまい、「やりたい」「知りたい」という感情が小さくしか発信されなくなり、自分の心に火をつけることができなくなってしまいます。
「遊び」を通して、子どもたちは自分を熱くする術（すべ）を身につけていくのです。

- - - - - **ポ イ ン ト** - - - - - - - - - - - - - - - -
子ども自身の「好き」「知りたい」を大切に。
遊びで得た力は学業にも生きてくる

一緒に楽しく遊ぶことに
勝るものはない

🏠 子どもの気持ちに共感することから

　ここまでは、「遊び」の大切さについて解説してきました。ここからは、具体的な「遊び方」についてお伝えしたいと思います。

　まず、いつ遊ぶか、です。これまでにも述べたように、**子どもの日常から「余白」を奪ってしまうような「与えすぎ」はよくありません。**

　では、いつ遊べばいいのでしょうか。答えは簡単。**子どもが関心を持ったときが遊びどき**です。

　たとえば、積み木遊び。バランス悪く積み重ねると、当然、ガチャンと崩れます。子どもは「あれれ……」と再トライ。何度か繰り返しているうちに、下の積み木からはみ出すように積み重ねると、どうやら落ちるようだと気がつきます。すると、次に何をするでしょう。わざと落ちるように積み重ね始めます。積んではガチャン、積んではガチャン……。親は上手に積み重ねられる方法を教えたくなりますが、子どもはこのとき、落ちることを楽しんでいるのです。

　さて、ここが遊びどき。ママも隣へ行って、「落ちるねえ」と一緒にそれを眺めましょう。そうして、ときどき変化球を投げます。微妙なバランスで積み木を積み、落ちない様子を見せてあげるのです。するとどうでしょう？　子どもは「落ちない!!」と驚きます。「何で?」と心の中では好奇心の渦が回転を始めます。

　私の言う「遊び」とはこれだけのことです。**何かを教えることも**

導くことも必要ではありません。子どもの気持ちに寄り添い、一緒に楽しく遊ぶ。それに勝るものはないのです。

家は子どもがもっとも安心できる場所

　本書では、「おうち遊び」と題して、家の中でできる遊びを紹介しています。この「おうち遊び」には、大きな利点があります。

　それは「おうち」という場所。小さな子どもにとって、環境の変化は大きな不安の要因となったりします。よく行く公園であっても、そこに知らない人がいるだけで、遊べなくなったりする子もいます。その点、家であれば心配ありません。子どもが一番安心できる場所であり、そこでひとりで好きなように、または大好きな親と一緒に遊ぶことは絶対的な安心感と幸福感に包まれる時間。**家は子どもにとって素でいられる場所なのです。**

　ですから、家で子どもが取り組む遊びは、心の動きに対して素直な遊びです。**家では、やりたくないことや興味のないことはしませんし、やりたいことはいつまでもやります。**

「何をして遊べばいいかわからない」と不安に思う親御さんは、家でお子さんが遊んでいる様子を観察しましょう。 ものの色に興味があるようなら、「黄色いものを探そうか」と一緒に色探しをしてもいいですし、音楽が好きそうなら、子どもの好きな歌を親が鼻歌で歌ってみては？　きっと楽しく歌い出してくれるでしょう。

> ･- **ポ　イ　ン　ト**
>
> 子どもが興味を示したときが遊びどき。
> おうち遊びでは、子どもの素を見ることができる

「親の関わり」は、
子どもの自己肯定感を育む

🏠「遊び」に特別な道具は不要

「いつ遊ぶか」の次は、「何で遊ぶか」について考えましょう。デパートのおもちゃ売り場に行けば、楽しそうなおもちゃがたくさんあります。

近年では、「遊びながら学ぶ」ことの重要性が広く認識されていることから、知育玩具も充実しています。子育てに熱心な親ほど、いろいろな情報を仕入れ、数多あるおもちゃの中からよりよいものを与えようと一生懸命選ぶでしょう。

でも、子どもと遊ぶにあたって、「何で遊ぶか」は大きな問題ではありません。**道具は何でもいいのです。そこに「子どもの心を動かすものがあるか」ということがポイントです。**

本書では70ほどの遊びを紹介していますが、いずれも道具を必要としないものか、家にあるものを使ってできる遊びばかりです。ティッシュをヒラヒラと高いところから落として、それを子どもが拾うという遊びも紹介しています（113ページ）が、必要なのはティッシュだけ。シンプルなのにとっても盛り上がります。

もっと言えば、おもちゃがなくてもいいのです。近所のスーパーまでの道のりを「何歩で行けるか、数えてみよう！」と、一緒に歩くだけでも、とっても楽しい「遊び」です。

ここでちょっといい話をひとつ。親の困りごとのひとつ、お片づけ。これだって「どっちが早いか競争しよう！」と遊びにしてしまえば、見事にスッキリ片づきます。**遊びを上手に活用すれば、子ど**

もを生活に巻き込んでしまうことすらできるのです。

🏠 一番大切なことは「親の関わり」

　遊びに道具は必要ないと述べましたが、逆に必要なことがあります。それは「親の関わり」です。親と一緒に楽しく遊ぶ経験は、子どもに愛されている実感を与えます。「愛しているよ」とことばで伝えるよりも、愛情が伝わるといっても過言ではありません。**愛されて育った子どもは自己肯定感の高い子になります。それは、しなやかな自分軸を持つことにもつながります。**

　また、親との関わりは、子どもに「知りたい」「学びたい」という気持ちを呼び起こします。たとえば、お絵描きをしているとき、偶然に黄色の上に青色を重ねたら、緑色ができた！　そんなふうに子どもが感動したときに、親が「ほんとだ！　緑ができたね！」と一緒に驚いてくれたら……。子どもは安心して「もっとやってみよう！」「青と赤ならどうなるかな？」と好奇心を増幅させていくようになります。

　子どもと遊ぶときには、道具を用意する必要はありません。もちろん、子どもが好きなおもちゃがあるのなら、それを使って遊んでも構いません。ただ、**道具が何であれ、「親の関わり」さえあれば、子どもにとって俄然楽しい遊びになるのです。**

ポイント

おもちゃ選びの基準は、子どもの心を動かすものかどうか。そして、「遊び」には、親の関わりが不可欠である

親の関わりは、
時間の長短ではない

🏠 忙しいときは「あとで見せてね」でOK！

　子どもと遊ぶときには親の関わりが大切だと言うと、多くの親御さんからこんな返事が返ってきます。

「毎日、仕事と子どもの世話でいっぱいいっぱい。遊ぶ時間なんてゆっくり取れなくて……」

　もちろん、のんびり、時間の制約なく子どもとじっくり遊べればそれに越したことはありません。ですが、子育て世代は働き盛り。現実的にそれはとても難しいことです。

　でも、安心してください。**「親の関わり」というのは、子どもと同じことを同じ場所ですることだけではないのです。**

　たとえば、夕食の支度をしている間に、子どもがチラシや折り紙などを破り始めたとしましょう。まるで紙吹雪でもつくっているかのように細かく細かくちぎっています。そんなとき、どんなふうに声をかけますか。本書をここまで読み進め、「遊び」の大切さを感じ取ってくださった親御さんなら、「ちぎり遊びに一緒に参加してあげたいな」と思われるでしょう。でも、夕飯の支度の手を止めるわけにもいきません。

　こんなときは、お子さんのほうにちょっと目を向けて、「何をつくってるの？」と声をかけてあげてください。子どもが「ご飯！」と答えたら、「へえ！　何ができるのか楽しみ。あとで食べさせてね」と笑顔を渡して、夕飯の支度に戻ります。

　大切なのは、親が「ちゃーんと見ているよ」と伝えること。それ

が伝わったら、子どもは安心します。そして「ママに、とっておきのお料理をつくってあげよう！」と張り切って、遊びに取り組むでしょう。

🏠 一緒の場所にいなくてもつながりを感じられる

こんなシーンも考えられます。朝、保育園に送っていって、仕事終わりに急いでピックアップ。そのあとは9時までに寝かせようと、「ご飯を食べなさい」「お風呂に入ろう」「次はハミガキ」と子どもを急かしてばかり……。

一緒に遊ぶどころか、ゆっくり過ごす時間すらないというご家庭も多いと思います。

そんなときは、朝、保育園で別れる際に、「今日は何して遊ぶのかな？　お迎えのときに聞かせてね」と声をかけてあげましょう。そうすれば、子どもは日中、園での遊びの中で何かを思ったり、感じたりしたときに、「あ、これママに教えてあげよう！」「パパにお話ししなくっちゃ」と頭の中で考えます。こうすることで、**同じ空間にいなくても心がつながっていることを、子どもは感じることができるのです。**

もちろん、お迎えのときに「今日は何したの？」と尋ねるのをお忘れなく。

この繰り返しが、離れていても親子の絆を育むことにつながります。

┌─ **ポ イ ン ト** ────────────
親の関わりは「つながっている」と感じられるかどう
か。時間の長い、短いを気にしすぎない
└──────────────────────

「見守る子育て」を実践しよう

🏠 安全だけは確保してそっと見守る

　さて、最後に考えるのは、どう遊ぶか、です。これに関しても難しく考える必要はありません。**「遊び」の本質は、子どもの内側から湧き上がる気持ちを育てることにありますから、親が外から何かを与えようとする必要はないのです。**

　代わりに、**親が意識したいのは「待つ」ことです。**先回りしたくなる気持ちをちょっと抑えましょう。子どもがジャングルジムに登り始めると、「次はここに足をかけて」と指示をする親御さんの姿を見かけることがあります。安全を考えてのことでしょうが、指示のしすぎは禁物。親が手出し口出ししすぎると、子どもは言われた通りに動くだけ。そこには心のトキメキがすっかりなくなってしまうからです。**子どもの安全を確保したら、あとは子どもがやることをじっと見守るのです。**

　「この子なら、きっとできる」と信頼して、できるようになるのをそっと見守りながら待つこと。これを私は「見守る子育て」と呼んでいます。子どもがジャングルジムに登り始めたら、「お手てを離しちゃダメだよ」とだけ注意をして、あとは黙って待つ。親がそれに徹することができれば、子どもの中で自主性と挑戦する心が自ずと湧き上がってくるのです。自分の感情で、心に火をつけた子どもは、「もっと上に行きたい」と心も体も一生懸命に動かしてもがきます。「あとちょっと！」「お、できそう！」。その声かけで、子どもは安心してがんばれるのです。

🏠 信頼のない見守りは「監視」になる

「見守る子育て」と似て非なるものがあります。それは「監視する子育て」です。子どもの行動を逐一見張り、危ないことをしたり、手順が違ったり（親の考えと異なるだけですが）すると、「それはダメ！」「危ない！」と制止するのが「監視する子育て」です。

監視する子育てでは自主性は育ちません。何かを始めるたびに、親に判断を仰ぐようになります。もっとも、「見守る子育て」でも、危ない場合は制止します。

では、両者の違いは何でしょう。それは、信頼があるかないか。「ここまでなら、あの子はきっとできる」と親が思っているかどうかです。子どもを信頼して任せるには勇気がいりますが、子どもをよく観察し、できることを知っていくことで任せられるようになります。

もうひとつ注意したいのが、やり遂げることに執着しないこと。遊びは遊び。「できないからや〜めた！」とあっさり投げ出してもとがめないでください。**大切なことは、「子どもの心が自由に動くこと」。何かを成し遂げることではないのです。**

大人でも苦手なことに立ち向かうのはしんどいことです。子どもだって同じ。でも、子どもは「できなかった」自分をきちんと覚えています。そしてそのうち「今日ならできるかも！」とやる気を出したりするもの。そのときを気長に待っていればいいのです。

｡ ポ イ ン ト ｡

子どもが遊んでいるときには、そっと見守る。
「見守る」と「監視する」の違いに気をつけよう

子どもの成長に合わせて
距離感を調節しよう

🏠 成長は速度も方向も人それぞれ

　子どもを「見守る」うえで、知っておきたいことがあります。それは、子どもとの距離感。子どもの成長に合わせて、子どもとの距離を変えるのです。

　皆さんは「**子育て四訓**」をご存知でしょうか。

一、　乳児はしっかり肌を離すな

二、　幼児は肌を離せ　手を離すな

三、　少年は手を離せ　目を離すな

四、　青年は目を離せ　心を離すな

　山口県で長く教育に関わられた緒方 甫 先生によるもので、それぞれの成長過程における子どもとの距離の取り方がシンプルなことばで表現されています。

　長い子育て期間中、子どもにどこまで関わるかに悩んだら、ぜひ思い出してほしいと思います。

　この四訓にあるように、**子どもとの距離の取り方は、その子の成長の度合によって変わります。**難しいのは、子どもの成長は正比例のグラフのように、右肩上がりに真っ直ぐ伸びていくものではないということです。印象としては螺旋状でしょうか。同じところを行きつ戻りつしているように見えて、遠く離れて見れば少しずつ伸びているなあ、といった具合です。

　昨日できたのに、今日はできないんだなということもあったり、今まで一度もやったことがなかったことなのに、一回で上手にやっ

てのけたり……。ひと言で「成長」といっても、子どもによって、速度も方向も違うのです。

まず「その日の子ども」を見ること

　私たち、親が何よりもまずすることは、「その日の子ども」を見ることです。

　先ほども述べたように、子どものできること、できるという思いは日々変わっていきますから、**昨日は手を離しても平気だった子でも、今日は手をつないであげるほうがよいことだってあるのです。**「うちの子はもう3歳だから」と、突然、肌を離さないといけない、ということでもありません。子どもの様子をしっかり観察して、子どもに任せられる範囲を測るようにしましょう。

　とはいえ、子どもが小さい間はどうしても心配が先に立ってしまうものです。心配すると、先回りしてしまうことになり、子どもに近づきすぎることになります。そんなときは「できること」に目を向けるようにしてください。たとえば、「この子は、手すりがあれば階段を降りられる」とわかっていれば、親は「手すりを持ってね」と声かけだけすれば大丈夫ですね。抱き上げて階段からおろしてあげる必要はないのです。

　小さな成功体験は、子どもの「やってみよう！」という心意気を生み出します。これは、適度な距離を置くことで育まれる感情です。

　　ポイント

　成長に合わせて、子どもとの距離を変えることが大切。
　適度な距離は子どもによって違うのでしっかり観察を

子どもの才能は
見ようとすれば見えてくる

🏠 わが子の天賦の才を見つけよう

ここまでで、いつ遊ぶか、何で遊ぶか、どう遊ぶかを解説してきました。その中で「子どもをしっかり観察して」と何度も述べています。

私のところには、子育てについての悩みを抱えた親御さんがたくさん相談に来られます。ときには、「スイミングとバレエを習わせているが、どちらがうちの子どもに向いているかを見てほしい」という人もいます。この質問は、おそらく、私がたくさんの子どもを見ているから、子どもの向き不向き、得手不得手がよくわかるだろうとの考えから来るのではないかと考えます。

しかし、自分の子どもがどんなことが好きで、何が得意なのかを知るのに、たくさんの子どもを見る必要があるでしょうか。答えはNOです。自分の子どもだけを見ていれば十分です。

着眼点は2つ。**ひとつは何を楽しいと思っているか。もうひとつは、楽しいとき、子どもはどうなるのか。この2つを知っていれば、子どもの好きなこと、得意なことを自分はちゃんと見つけられていると安心してください。**

この、好きなこと、得意なことというのは、それぞれの子どもに与えられた天賦の才。私の経験からは、この才能がない子どもはひとりもいません。**どの子にも必ず、天賦の才があるのです。それを見つけられるかどうかは、親の見る目にかかっているのです。**

🏠 子どもの「得意」は勉強する際のヒントに

　では、なぜ、多くの親が子どもの「好き」や「得意」を見つけられないのでしょうか。少しきつい言い方になりますが、見ようとしていないからだと考えます。SNSで流れてくる情報と比較したり、近所の子どもと比べたり……。知らずしらず、わが子自身から目が離れているのです。自分の子どもを毎日見ていれば、「この子、すごいな」「おもしろいな」と思うところがきっとあるはず。それが、その子の特性です。**見ようとして見れば、自ずと見えてくるものなのに、漫然と見ているから見えないのです。**

　余談ですが、子どもの「得意」を知ることは、のちのち、勉強する際のヒントにもなります。好きなこと、得意なことというのは、つまりは脳の使い方のクセなのですが、大きく分けると、**映像を認識する力に長けているタイプ、耳で聞いて理解することが得意なタイプ、そして触ってみる・感じ取ることが好きなタイプがあります。**遊びの中で、色や形を組み合わせるのが好きな子は映像認識タイプ、ことば遊びが好きな子は聴覚タイプ、外遊びが好きで身振り手振りが大きな子は身体感覚タイプだといえます。たとえば高校生になって世界史で年号を覚えるとき、映像認識タイプの子は語呂合わせで教えられてもピンときません。しかし、聴覚タイプの子は語呂合わせがスッと入ってきます。

　「得意」を知ることは、子どもの特性を知ることと同義。子どもに手を差し伸べるときに役立つのです。

┌─ **ポイント** ─────────────────
│ 子どもには必ず「好きなこと」「得意なこと」がある。
│ わが子の「すごいな」と思うところを探してみて
└─────────────────────────

幼児期の「遊び」で身につけたい6つの力

🏠 子どもの「好き」に合わせて選定する参考に

　本書では、「遊び」を6つの力に分類して紹介しています。これは、子どもの「好き」に合わせて遊びを選定してもらう際の参考になればという思いからつくった分類で、実際の遊びは、この分類通りに厳密にわかれるものではないということを前提としてお伝えしておきたいと思います。

　その上で、なぜ幼児期の遊びにこれら6つの力を重要視したのかという点について、簡単に解説しておきます。

> ### 語彙力
> **物事への興味・関心を深める**

　語彙力とは、多くのことばを知っていること、そしてそれを使いこなす能力です。 ことばを操ることは、生きる上で欠かせない力です。自分の思いや考えを表すにもことばは必要ですし、人の考えを理解するにもことばを知らなくてはなりません。

　ことばを操ることで、はじめて人は「考える」という行為ができるのです。

　また、**知っていることばの量が増えれば増えるほど、物事への興味・関心も増大します。** 知識の入り口としても、ことばの数を増やすことはとても大きなことだと考えます。遊びを通し、いろいろな

言葉に触れさせてあげたいものです。

数字力（数・量・時間感覚）
計画性につながり数字で物事を考えるベースに

時間の感覚は、計画性につながります。時間の感覚を幼少期から身につけておくことで、見通しを持った行動が自然にできるようになります。

数や量の感覚は、数学、すなわち数字で物事を考えることのベースとなるものです。数を数字としてだけ覚えるのではなく、重さや長さ、広さなどの感覚を伴ってとらえられたときに、はじめて本当の意味での数・量感覚が身につきます。日常生活で意識させることで、育っていく感覚でもあります。将来、抽象的に物事を考えるときに役立つでしょう。

これからの社会は、これまで以上にサイエンスの分野が中心になってきます。コンピュータ分野などがその象徴です。数学的な考え方は、これからの時代、特に重要視される力となるでしょう。

空間認識力
地図が読め、自分の位置を把握できる

空間認識力とは、三次元空間において物の位置や形、大きさ、位置関係などを正確に認識する力です。

この空間認識力がすぐれていると、紙に描かれた図形を見て立体図をイメージしたり、地図を見て目的地へスムーズに向かったりす

ることができます。**地図が読めたり、自分の位置を把握したり、適度な距離感を持てたりする、といった実生活に直結する力です。**

　また、自分のいる場所を自分で理解できることは安心感を得ることにつながるので、心の安定が得られます。

　建築や造形の世界に進む場合には必須の能力ですし、スポーツで活躍するにも必要な能力です。

```
想像力（読解力）
良好な対人関係を築くために役に立つ
```

　想像力とは、そこにないものを思い描く力のこと。新しいものを生み出すクリエイティビティはこれからの社会において強く求められる能力なので、幼少期、頭の柔らかい時期に既成概念にとらわれない、自由な発想力を高めてあげたいところです。

　また、想像力は、人間関係を円滑に運ぶにも欠かせない力です。**こうしたら相手がどう思うかを想像することは、良好な対人関係を築くために役に立つ力です。**

　想像力に類する力として読解力にも触れたいと思います。読解力は、文章を理解する力のこと。本を読む力のことだと思われがちですが、それだけではありません。

　書かれていること、話されていることの本質を理解することは、人間関係における文脈を読む力としても必要です。そう考えると、一生涯にわたって使い続ける能力だといえます。

集中力

意欲を継続し前向きな気持ちに

　人が集中し続けられる時間というのは意外に短く、脳の構造上は、幼少期でせいぜい5分程度、大人でも15分が限界です。

　長く集中できている状態というのは、数分間の集中を、途切らせることなく何回も繰り返している状態なのです。子どもは好きな「遊び」だと何時間でも没頭できますが、それは自分の興味や意欲を継続して持てているということの表れです。

　ぐっと集中する遊び体験は、意欲を継続する力を育みます。結果として、能動性や前向きな気持ちも養われるでしょう。

運動能力（運動神経）

体全体を使って遊んで刺激する

　運動能力は、瞬時に判断できたり、スポーツが上手になったり、体幹などバランス感覚につながったりする力です。**生まれつきのものではなく、幼少期にどれだけ脳から運動の指令を出し、それを体に伝えたかが大きく影響することがわかっています。**

　「運動神経がいい」「悪い」と言いますが、そのような神経があるのではなく、誰しもにある神経回路をより使えるようにしたかどうか、ということにかかっているのです。ですから、**幼少期には、特定のスポーツに取り組むよりも、体全体を使って遊ぶこと、また体のいろいろな部分をさまざまなやり方で刺激することが大切です。**

子どもが遊びに
ノってこないときは？

🏠 続かないなら、無理に続けさせなくていい

　実際に、子どもと遊んでいると、いろいろな問題が出てきます。そのひとつに「子どもがどんどん目移りして、さっぱり遊びが続かない」というもの。そんなときは、まず、環境を見直しましょう。

　子どもが目に入るものに興味を示すのは、ごくごく自然なことです。子どもが目移りばかりして……というときには、周囲に気になるものをたくさん置きすぎているのかも。

　使っていないおもちゃは片づける、つけっぱなしにしていたテレビは消すなど、物理的に目に入るものを減らすことで、状況が変化する場合があります。

　それでも続かない場合は、やはり、その遊びがおもしろくないのでしょう。

　おもしろそうだと思ったけど、やってみたら大しておもしろくなかったと感じたのであれば、別のことをやりましょう。「訓練」ではないので、こだわる必要はありません。

　でももし、やってみたけれど、上手にできないから嫌になっちゃったという感じなら、親御さんがちょっと手伝ってあげてもOKです。

　たとえば、折り紙がしたいと思っても、幼児では真っ直ぐに折るのも難しいものです。であれば、親が一度折って、折り筋をつけてから、再度開いて渡しましょう。そうすれば、簡単にきれいに折れるようになります。

小さな成功体験の積み重ねが「もっとやりたい」という気持ちを生み出し、「次は、自分でやってみる！」と続ける気になるかもしれません。

 親が一生懸命になりすぎているかも

　もうひとつ、考えられる原因に「ママやパパの顔が怖い」というものがあります。親が「遊ばせなくちゃ」と必死になり過ぎているのです。

　逆の立場に立ってみましょう。「折り紙、楽しそうだな。やってみようかな」と思った途端、大人が目の前に座って、「ねっ！　楽しいよね、折り紙！」と迫ってきたらどうですか？　怖くて、やめてしまいたくなりませんか。

　子どもと一緒に遊ぶとき、親が遊び自体に必死になるのはいいのですが、子どもに対して必死になるのはNGです。力が入り過ぎていたのでは、子どもにとっては威圧的にしか感じられません。

　すでに述べた通り、**遊びを始めるのは、基本、子どもが始めたとき。常に子どもの感情・行動が優先です。**

　親は無理に子どもを盛り上げようとせず、子どものやっていることを見て、「へえ、すごいねえ」「きれいだねえ」とほめてあげるだけでいいのです。

ポイント

遊びが続かないときは無理に続けない。
親が一生懸命にならないように気をつけよう

オリジナルの「おうち遊び」を
考えてみよう

🏠 日常の中に「遊び」をたくさん盛り込む

　さて、この章の最後に、皆さんにぜひ取り組んでほしいことをお伝えします。

　それは、**皆さんのおうちオリジナルの「おうち遊び」をどんどん、子どもと一緒につくっていってほしい**ということです。

　「遊び」というと、何かおもちゃを用意して、親子でせーので取り組まなければと意気込んでしまいがちですが、そこは気楽に構えてみませんか。

　いつだって、何だって、遊びにしてしまうことはできるのです。

　たとえば、夕飯に豆ご飯をつくるとしましょう。豆のさやを開けたとき、中に入っている豆の数を当てっこする、というのはどうでしょう。

　ママは夕飯の支度を手伝ってもらえるし、子どもは楽しいし、一石二鳥です。その後の食卓も楽しくなりそうですね。

　また、お風呂に入るとき、パパのシャツは、ぼくのシャツの何着分か、広げて置いてみながら数えてみる。こんな遊びもできそうですね。

　ママのシャツならどうかな、なんて話が広がりそうです。

今の親御さんの中には、道具がないと遊べないと思っている人も見られるのですが、そんなことはありません。

ぜひ、日々の暮らしの中で、ちょこちょこと「遊び」をつくっては、やってみてください。

遊びを考えること自体も、楽しい遊びになりますし、何より、子どものキラキラした笑顔がたくさん見られます。

本書の冒頭で、親はみんな新米であると述べました。

知らないことや不安がいっぱいの子育ても、子どもの楽しそうな笑顔を見ていると、できるような気がしてくるものです。

🏠 親の温もりは子どもの記憶に深く刻まれる

そして、幼児期に特におすすめしたいのが手遊びです。

24ページで紹介した「子育て四訓」の中でも**「幼児は肌を離せ手を離すな」**と言われているように、幼児期に手の温もりを感じられる距離感で接することは、とても大切なことです。

親の体温や温もりとともに感じたことは、子どもの記憶に強く刻まれるのです。

電車で移動する少しの時間や、お風呂の中のひととき、寝る前のちょっとした時間に、子どもと触れ合いながら、遊んでください。

たとえば、布団の隅から、シャクトリムシに見立てたパパの指がやってくるだけでも子どもは大喜び。小さな指で自分もシャクトリムシをつくるでしょう。

パパが「寝なさい！」と何度言っても寝ない子どもも、〝シャクトリムシさん〟が「寝たら？」と言えば素直に聞くかもしれま

せん。

　親とたくさん遊んだ記憶は、将来、子どもの糧となります。愛さ
れて育った子どもは、自分も人も大事にすることを知っています。
親子で、触れ合いながら楽しく遊ぶことは、子どもを幸せへと導い
てくれるのです。

ポイント
遊びをつくることも遊びにしよう。
親と楽しく遊んだ記憶は子どもの糧になっていく

第2章

語彙力を育てる遊び

辞書引き放題しりとり

→ ことばへの興味を持たせる

りんご！

ごりら！

らっこ！

♥ …こころ！

……！

遊び方

「りんご」→「ごりら」としりとりをしていく。子どもは辞書を使って、ことばを探していい。

▶親子遊びで、ぜひ取り入れてほしい遊びが「しりとり」。▶ことばに関する感覚が磨かれ、語彙力が高まります。▶幼児の場合は、ことば絵辞典を使ってもOK。▶自然と辞書に親しめるようになり、よりたくさんのことばに触れることができます。▶大人がたいてい負けるため、子どもには楽しく、何度もやりたがるかも。

頭とり

→ 語彙力だけでなく、記憶力もアップ！

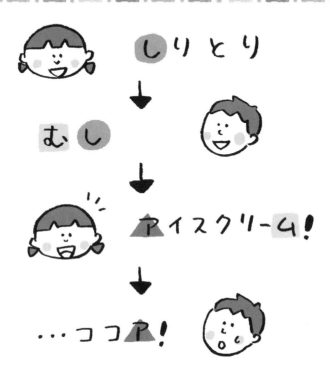

遊び方

頭の文字、たとえば「むし」なら「む」が最後に来ることばでつないでいく。

例）「むし」→「アイスクリーむ」→「ココア」

▶しりとりの応用編の遊びです。▶幼児には少し難しいかもしれませんが、定番のしりとりにあきてきたら、ぜひ試してみて。▶「頭とり」は、頭の中に2つのことばを置きながら考えるため、記憶力も鍛えられ、大人には脳トレにもなります。

逆さまことば

→ 音読をするときに必要な力が育つ

遊び方

身の周りにあるものを、「はし」→「しは」というように、後ろから言う。

▶最初は２音か３音の簡単なものから始めましょう。▶「逆さまことばクイズ！ 『まるく』な〜んだ？」と、クイズ形式で楽しむのもおすすめ。▶人はことばを逆さまに言うとき、頭の中にそのことばを一度置き、口から音として発し、耳で聞きます。▶文字と音が結びつきやすくなり、将来、音読の勉強をするときに役立ちます。

ことば探し

→ 観察力も育ち、発想力豊かに

遊び方

「家の中の『糸』を探そう」と問題を出し、家の中にあるいろ
いろな「糸」を探す。

例）「糸ようじ」「毛糸」「糸こんにゃく」

▶「糸」ということばが入らないものでも、クモのおもちゃ（糸を
出す）などならOK。▶「家の中の『空気を探そう！』」というよう
なお題も楽しいです。▶「エアコンの風」「おじいちゃんのおなら」
など、子どもの豊かな発想に驚くことも。▶子どもは家の中に何が
あるかよくわかっていないので、観察力も育ちます。▶「3分でた
くさん見つけた人が勝ち！」と時間制限を設けるのも楽しいです。

この人だれでしょう遊び

→ 文を組み立てる力が育つ

遊び方

「メガネをかけています」「おはぎが大好きです」などと、その人物（答え：おじいちゃん）を表すヒントを出して、それがだれかを当てる。

▶子どもが好きなキャラクターや知っている人を答えに選び、親が最初にヒントを出します。▶そうすれば、どういうゲームかをすぐに理解し、次は子どもが問題を考えてくれるかも。▶ヒントを出すためには文を組み立てないといけないので、説明するための表現力、形容詞の使い分けなども必要になります。

キャラクターなりきり遊び

→ ことばへの深い理解につながる

遊び方

好きなキャラクターや、絵本に出てきた人物など、何かのキャラクターになりきって、子どもと演技ごっこをする。

▶自分が思ったことをキャラクターらしく言うにはどうしたらいいかと考え、頭の中で一度文を置き換えるので、観察力も表現力も鍛えられます。▶あのキャラクターが言っている、このことばはどういう意味なんだろうと、ことばの意味を深く理解しようとすることにもつながります。

MEMO **おままごとにもおすすめ!**

誰かになりきって遊ぶということでは、おままごと遊びも同じ。おままごと遊びをするときは、親は子どもに、子どもは親になって遊べば、親は自分の口グセに気づくなど、いろいろ面白い発見もあるでしょう。

ことばづくり遊び

→ 自分で考えてことばをつくり出す

ひらがなが書かれた積み木やカードなどのツールを縦横につなげ、ことばをつくっていく。

▶子どもと一緒にカードを手づくりするのもOK。▶「気持ちを表すことばをつくろう」などとお題を出し、雰囲気でことばをつくって、あるかどうかを辞書で調べるのもおすすめ。▶ないと思っていたことばがあったりして、親も勉強になることがあります。

この人どんな人遊び

→ 伝える力、共感力がアップ！

知らない人物（動物などでもOK）を指して、「この人は、どんな人だろうね」と質問し、子どもが想像して答えていく。

▶たとえば絵の中の人物を指し、「この人は、どんな人だろうね」と子どもに質問します。

▶「よくたべそう」「でも、子どもにはやさしいかもしれない」などと子どもが答えたら、「なぜ」そう思ったのか聞き、会話を広げていくといいでしょう。

▶自分で話をつくっていくことと等しく、人に関心を持つことにもつながり、共感力も高まります。▶悪口合戦にならないようご注意を。

MEMO 子どもが今感じていることがわかる

この遊びでは、子どもは身の周りの人間関係などと当てはめて考えるので、今気になっていることや、親や周りの人との関係で感じていることなどが見えてきます。園のお友だちとうまくいっていないのかな、などといったこともわかるので、子どもの答えを注意深く聞くようにしましょう。

替え歌遊び

→ 音数に合ったことば選びができる

遊び方

子どもが好きな歌で替え歌をつくる。子どもが適当に歌ったワンフレーズに続いて、親が次のフレーズをつくっても楽しい。

▶簡単なようで、実はちょっとコツがいるのがこの遊び。▶音の数に合わせてことばを選ぶ必要があり、歌の世界観もつくらねばなりません。▶俳句をつくるのと同じような感覚が養われます。▶子どもが適当な鼻歌を歌い始めたらスッと入っていき、いい歌ができたら親子でゲラゲラ笑いましょう。

古今東西「山手線ゲーム」

→ ことばを関連づけて覚える力がつく

遊び方

「動物」「果物」「野菜」「黄色いもの」など、ひとつのテーマを
設定し、それに沿ったことばを親子で交互に言う。ことばに詰
まったほうが負け。

▶関連のあることばをたくさん覚えることができるようになりま
す。▶また、ことばを頭の中でグループ分けできるようにもなりま
す。▶本来は、手拍子2回のあとにひとつのことば、という一定の
リズムの中で行なうゲームですが、その辺りのルールは子どもに合
わせてゆるやかに。

予測変換遊び

→ 語彙を増やすことにつながる

遊び方

スマートフォンやパソコンなどに文字を入力したときに表示される予測変換。何が一番に表示されるかを子どもと予想しあう。

▶子どもに入力してもらうと、楽しさがアップします。▶「あ」と検索すると、「あ」や「A」で始まることばがずらりと並び、その中には知っていることばもあれば、知らないことばもあるでしょう。▶子どもが意味を尋ねてきたら、わかるように説明を。▶親の説明によって類語も学ぶことができます。

「喜怒哀楽」顔遊び

→ 気持ちを表現することばを知る

遊び方

怒っている顔や笑っている顔など、表情の異なる「顔カード」をつくる。カードを裏向きにして置き、引いたカードに合わせて、自分の表情も変える。

にっー

とっても
うれし
そう！

おやつが
プリンの
ときの顔

▶顔真似に慣れてきたら、「笑っているね」「楽しそうだね」などと、表情をことばで表現してみる。▶「何で喜んでいるのかなあ」とストーリーを考えてもOK。▶気持ちを表すことばを多く知っていると、自分の気持ちをことばで伝えることができるようになり、自分以外の人の心を推し量ることにもつながります。

> **MEMO　小さな子どもは「顔」が大好き**
>
> 子どもは「顔」を見るのが大好き。表情の変化が楽しいのでしょう。子どもに話しかけるときには、オーバーかなと思えるほど表情豊かに話しかけましょう。子どもも表情が豊かになると思います。

絵本の中からことば探し

→ じっくり文字を読むようになる

遊び方

絵本に書かれている文章の中から、もともと意図されていることばと違うことばを見つける。

▶たとえば、「たろうくんがいえにかえるとき」という文章があったとしたら、そこに「かえる（蛙）」を見つけるという遊びです。
▶親がヒントを出してあげてもいいですし、一緒に探しても楽しいでしょう。▶絵本を読んでいるときに、ついつい脱線してしまうという子におすすめの遊びです。

図鑑クイズ

➡ ものの説明をする力がつく

遊び方

図鑑を一緒に見ながら、そのページにあるものが答えになるようにクイズを出す。親はヒントを出し、子どもはそれを手がかりに開いているページから答えを探す。

・あるところが長いです
・茶色のもようがあります

キリン！

▶ヒントは子どもに合わせて、少しわかりにくいものから始め、徐々にわかりやすくします。▶慣れてきたら子どもも出題者に。▶そのヒントの出し方で子どもの関心がどこにあるのかがわかります。▶色や形に目を向ける子もいれば、棲んでいる地域に注目する子もいるでしょう。▶親が子どもの特性を知る機会にもなります。

MEMO 図鑑は知識の入り口です！

「乗り物」や「昆虫」「動物」など、子どもの興味がありそうな分野の図鑑はぜひ、リビングなど身近なところへ！　眺めているうちに、違いを発見したり、文字を読もうとしたり……。知識を広げていく入り口になるのです。

今日見たもの、いくつ言える？

→ 記憶をたどる力や観察力を養う

遊び方

「キッチン」「パパ」など、何かテーマを決めて、それにまつわることばを交代で言い合う。たくさん言えたほうが勝ち。

▶「キッチンにあるもの、いくつ言えるかな？」「今日行ったおばあちゃんの家にあったもの、いくつ言えるかな？」などと問いかけてみましょう。▶映像として記憶しているものを、一つひとつことばに置き換えていくことで、ことばが知識として定着していきます。▶毎日見ているはずの家の中でも、意外と覚えていないこともあり、子どもの観察力の鋭さに驚かされるかもしれません。

サイコロ作文

→ **文章力＋柔軟な発想につながる**

「いつ」「どこで」「誰が」「何をした」に当たるもの、たとえば「今日」「家で」「おじいちゃんが」「寝転んだ」など、それぞれ６つずつ番号を振って紙に書いて並べておく。交代でサイコロを振って出た目の番号で文章をつくっていく。

▶この遊びは、まともな文章をつくることが目的ではありません。▶むしろ、おかしな文章ができればできるほど盛り上がるので、最初のことば選びがポイントです。▶主語の一群には子どもの名前を入れておくのもいいですね。▶「たくさん」「ムカムカして」など、その他の品詞も足すと楽しいでしょう。

MEMO さらにレベルアップしたいときは？

紙に書くのをことばではなく、「あ」「さ」「う」などの一字だけにしてみましょう。サイコロを振って出た目の文字から始まることばで文章を構成するのです。大人も悩んでしまうでしょう。

宇宙人に教えてあげよう

→ 観察力・表現力・共感力をつける

> **遊び方**
>
> 「積み木」や「カレーライス」など、自分にとって身近なものについて、それをまったく知らない "宇宙人" に教えてあげるならどう説明するかを考える遊び。親は "宇宙人" になりきって対応する。

▶自分が知っているものを、それを知らない人に説明するには、そのものをよく観察し、それをことばで表現する力が要求されるとともに、「相手にわかりやすいことばを選ぶ」力が必要です。▶相手の立場に立つ、すなわち共感力はコミュニケーション能力のベースになる、大切な力です。

「しばり」しりとりもおすすめ!

38ページで紹介したしりとり（「辞書引き放題しりとり」）は、いろいろとアレンジすることができます。たとえば、果物だけ、乗り物だけ、自然だけ、駅名だけなど、「しばり」をつけると、しりとりがより難しくなります。子どもが好きな分野のテーマに合わせると、大人といい勝負になるでしょう。工夫して、楽しんでみてください。

スマートフォンを上手に活用してみよう!

この本で紹介する遊びでは、スマートフォンも上手に使うといいでしょう。47ページの「山手線ゲーム」では、子どもにはスマートフォンを "援軍" として用意してもいいでしょう。48ページの「予測変換遊び」で、「なぜ、このことばが最初なの?」と、ことばの順序に興味を示す子には、「この前、仕事で調べたからね」などと説明を。親子のコミュニケーションをとる機会にもなります。

第**3**章

数字力を
身につける遊び

数え上げ、数え下げ

→ 計算力のベースが育つ

数え上げは、「1、2、3」と数字を親子で一緒に、もしくは交互に数え上げていく。最初は10までを基準にすればOK。100まで無理なく数えられるようになったら「100、99、98……」と数え下げに挑戦を。

▶数え上げは、100、1000などできれば行けるところまで数えるとよいでしょう。▶子どもはまだ十進法がわかっていないので、「10、11、20……」などと間違えます。▶その場合は、「11の次はね、12なんだよ、次は13、じゃあ13の次は何かな？」と明るく教えましょう。▶繰り返しているうちに覚え、10が10個で100になるという十進法の数感覚が自然と身につきます。

親指ゲーム

→ 足し算力がつき、思考力、記憶力がアップ

遊び方

イラストのように手を構え、順番に「いっせいのーで、2！」などとかけ声をかけ、かけ声と同時にそれぞれが2本の親指を好きな本数立てる。宣言した数と同じだったら勝ちとなり、勝ったら片手をおろして片手で続け、早く2回言い当てた人が勝ち。

▶単純ですが、とても盛り上がるゲーム。▶自分の親指は2本ですが、相手の親指を足せば本数が増え、自分が思う本数を出すにはどうすればいいかを考える過程で、自然と足し算をすることに。▶「相手は何を出すかな」と推察したり、「さっきは何を出したかな」などと考えたりするため、思考力、記憶力も鍛えられます。

積み木いくつ分遊び

→ かけ算や割合を理解しやすくなる

8.9.10.11

遊び方

積み木を使って、テレビや机、自分の足、お父さんの身長など、身近なものが積み木何個分かを測る。

▶子どもは、自分の身の周りのことに興味があるので、身近なものを表現できるのは楽しく、「パパは積み木25個分！」など、張り切って測ってくれるはず。▶積み木で始めて、次に定規を使って測るようにするといいでしょう。▶ひとつのものを別の基準の数に置き換える遊びは、かけ算や割合を理解することにつながります。

ぴったり探し

→ 算数の小数もへっちゃら！

「6cmを探そう！」など、その長さだと思うものをそれぞれ探して持ってくる。持ってきたものを定規で順番に測り、だれが近いものを見つけたか競争する。

▶定規を使うと、何cm、何mmという単位が出てきて、自然と小数点についても学ぶことになります。▶子どもにとって小数は、算数が苦手になる壁のひとつです。▶日常生活の中で何cm、何mmに多く触れてきた子どもは、小数をスッと理解でき、つまずきにくくなります。

MEMO　クッキングスケールを使っても！

定規以外に、クッキングスケールを使って、「120gを見つけよう！」と、重さで競争をするのも楽しいです。また、パスタや小麦粉を120g出してもらうなど、子どもにお手伝いとしてやってもらうのもいいでしょう。

体内時計遊び

→ 時間感覚を育てる入り口に

遊び方

目をつぶった状態で、ストップウオッチを10秒ぴったりで止める。もしくは、「よーいスタート！」でストップウオッチを押して「ストップ！」で止め、何秒たったかを当てる。

▶子どもが「時間」というものにふれる入り口として、おすすめの遊びです。▶わかりやすい遊びですが、何度か繰り返すうちに秒感覚＝時間感覚が身につきます。▶まずは、秒という短い時間から、時間感覚を育てていきましょう。

10個探し遊び

→ カテゴリーで捉える力がつく

「読むもの」「柔らかいもの」「丸いもの」など、何かひとつお題を出し、お題に合うものを10個探して持ってくる。ただし、同じものを10個、たとえばマンガを10冊持ってくるのはNG。競争にしてもOK。

例）「読むもの」→マンガ、絵本、新聞、スマートフォンの画面、説明書など

▶10個探すことで数を数える力も身につきますが、この遊びでは、カテゴリーで物事を捉える力を養うことができます。▶たくさんのものを暗記するとき、バラバラに覚えようとしても難しいですが、いくつかの種類に分けると覚えやすくなります。▶この「カテゴリーで物事を捉える力」は、種類に分けて学ぶことが多い理科の勉強において特に役立つ力です。

MEMO　仲間外れ問題も得意に！

この遊びをしていると、物事の共通点を見つけるのが得意になるので、小学校受験でよく出題される、いくつかの物の絵が描かれていて「仲間外れはどれでしょう」といった問題もスムーズに解けるようになります。

何時にできるでしょう遊び

→ 時間を意識するようになる

「今からお風呂のお湯をためるけど、何時にたまると思う？」
「皮むきは何分でできると思う？」など、身近な作業をどれく
らいの時間でできるか当てっこをする。

▶この当てっこ遊びは、まず「8時に出るよ」「5時になったね」
などと声をかけて、子どもと一緒に定期的に時計を見ることから。
▶子どもが時計を見ることに慣れてきたら遊んでみましょう。▶何
分でできるか当てあっているうちに、30分はどれくらいか、1時
間はどれくらいかといった時間感覚が身につき、この作業は何時
くらいに終わりそうなど、計画力にもつながっていきます。

ひとつまみ何粒遊び

→ 数を数える力、予測する力が育つ

生米を手でつまんで、何粒かを当てる。ポップコーンなど、小さめのお菓子をつかんで当てるのでもOK。

▶何粒あるか数えているうちに、たいがいの子どもは途中でわからなくなるので、そのときに、「いい方法があるよ！」と、10粒ずつ分けて数える方法を教えましょう。▶10進法の考えに触れることができ、10粒ずつ分けて数えると数えやすいという知恵が身につきます。▶お菓子で行なう場合、当てられた人、もしくは数が近い人が食べられるというルールにすると盛り上がるでしょう。

何歩で行けるかな遊び

→ 数を数える力、集中力が育つ

ミーちゃんから
お父さん
まで

1 2 3 4 5

遊び方

リビングのソファーから玄関、キッチンのイスからお風呂場まででなど、何歩で行けるか数える。

▶おうちだけでなく、外に出かけるときに公園や駅までの歩数を数えるのもおすすめ。▶数を数えるのが好きな子は、小学生になれば１万歩くらいまで数えられるでしょう。▶この遊びをすると、数の数え方を学べ、歩数をひたすら数えて歩くので、集中力も育ちます。▶ただ、他のことに注意が向かなくなることがあるので、親御さんは外では危険がないよう、しっかり見守ってください。

20を言ったら負けゲーム

→ 計算力や思考力がアップ!

遊び方

数を3個まで言えるルールで、「1、2、3」「4、5」「6、7、8」などと交互に言っていき、20を言ったら負け。

▶ 何回かするうちに、子どもは勝つために自分がこの数を言ったら、相手がこの数を言ったら……などと予測するようになります。

▶ 3個までしか言えないルールなので、頭の中で足し算や引き算もすることになり、計算力や思考力が育ちます。

ぴったり割りせんべい

→ 分数や割合の理解に必要な感覚が育つ

遊び方

1枚のおせんべいが、何枚に割れるかを当てる遊び。当てた人、数が近い人が食べられるルールに。

▶単純な遊びですが、盛り上がります。▶「ぴったり割りせんべい」遊びと、両替えを一緒のタイミングで教えるのがおすすめ。▶100円を10円にすると枚数は増えますが、価値は同じ。▶ひとつのものを細かくわけると増えたように感じるけれど、そうではないことが感覚でわかります。▶そうした感覚は、算数の分数や割合の理解につながります。

グリコすごろく

→ 足し算、引き算の練習になる

遊び方

じゃんけんをして、グーは「グリコ（3）」、チョキは「チヨコ
レイト（6）」、パーは「パイナツプル（6）」として、勝った
人は文字の数だけ、すごろくのコマを進め、負けた人は文字の
数だけ戻る。早くゴールした人が勝ち。

▶グリコ遊びは、外の階段など
ですることが多いですが、家に
あるすごろく盤を使えば、おう
ちでもできます。▶ゴールまで
8マスあるけど、あと2回じゃ
んけんに勝てばゴールできるか
な……など、子どもは自然と計
算するので、足し算、引き算の
練習になります。

MEMO オリジナルすごろく盤をつくっても！

すごろく盤を子どもと一緒に手づくりしてもいいでしょう。
「お父さんの好きなところをひとつ言う」「おしりで自分の名前
を書く」など、マス目にルールを入れるのも楽しいです。子ど
もと一緒に、いろいろ考えてみてください。

お風呂の水抜き遊び

→ 量の感覚、容積の概念が身につく

30ℓ汲み出してみよう

遊び方

使わなくなった計量カップやボウル、洗面器（1ℓ程度が望ましい）などを用意する。「30ℓ汲み出してみよう」「10ℓだとどうかな」などと数字を示したうえで汲み出していく。

▶お風呂の水を「お風呂」として見ている限り、子どもにとっては「お湯」に過ぎません。▶そのお湯を実際に汲み出すことで量の感覚を身につけることができます。▶大人が当たり前だと思っている「量」「体積」の概念がわかるようになるのは、実はなかなか難しいこと。▶大人はそれを知っておくと、声がけの際の助けになります。

体重計遊び

→ 足し算、引き算の基礎ができる

遊び方

体重計に子どもを乗せて体重を測るとき、ちょっと持ち上げて
みたり、押してみたり……。数値が変わる様子を一緒に見る。

▶押されたり、持ち上げられたりという力の変化を体感しながら、
数値が変わるのを見ると、子どもは「足し算」「引き算」を、知識
としてではなく、感覚で知ることができます。▶お父さんやお母さ
んが体重計に乗って、子どもがそこに乗ってみたり、降りてみたり
しても楽しいです。

はんぶんこ

→ 図形感覚、直感力を育む!

遊び方

方眼ノートを用意して、親が4×4や6×6など、偶数×偶数の正方形の枠で囲む。子どもはその図形が半分の面積になるように線を引く。終わったら、親子でマス目の数を数えて確かめる。

▶面積の概念を、遊びながら知ることができます。▶塗り絵のように、半分に色を塗ってもいいですね。▶ここで大切にしたいのが直感力。▶「この辺かな?」と勘で当たりをつけることは、遊びの中でこそ培われる力です。▶慣れてきたら、親が途中まで線を引いて、途中から子どもに考えさせてみても。

レッツアレンジ ▶▶▶ やってみよう！

「数え上げ、数え下げ」
1つ飛ばしや2つ飛ばしに挑戦！

58ページで紹介した「数え上げ、数え下げ」は、慣れてきたら、「1、3、5……」「100、98、96……」「1、4、7……」など1つ飛ばしや2つ飛ばしに挑戦してみましょう。式を使わずに足し算と引き算をしていることになるので、計算力のベースがぐんと育ちます。

レッツトライ ▶▶▶ 自らも楽しんで!

親が遊んでいる姿を見せる

ぼくも　やってみたい!

たとえば、離乳食の時期、子どもに食べ方をことばで伝えるよりも、目の前で食べてあげたほうが子どもに伝わりやすかった、といった経験はありませんか? 一緒に食べることで食べ方だけでなく、楽しい時間を共有することができ、「食事は楽しいんだ」と子どもは感じます。遊びも同様。親が楽しそうに遊んでいる姿を見せること。それを見た子どもは、どんどん楽しい遊びを自ら考え出していくはずです。

第**4**章

空間認識力を育む遊び

バックミラー散歩

→ 脳への刺激にもなり、観察力もアップ！

ミーちゃんのところに行く！

遊び方

鏡を天井に向け、鏡を見ながら歩いてキッチンやトイレなど目的地に向かう。もしくは、鏡で後ろを映しながら、後ろに歩いて目的地に向かったり、家の中を散策したりする。

▶顔が下を向いているのに天井が見えたり、前を向いているのに後ろにあるものが見えたりするので、最初は混乱するでしょう。▶見えているものと、自分の体の向きが合わないので、脳の中で何回も変換が行なわれ、ただ歩くだけで脳の刺激に。▶鏡に映ったものから自分がどこにいるかを推察し、進まないといけないため、空間認識力だけでなく、観察力や集中力も必要です。

※家具にぶつかったりしないように、安全面の見守りはしてあげましょう

ティッシュ箱カーリング

→ 推察力や創意工夫力も鍛えられる

フローリングの床にコースターや消しゴムなど何か目印を置いて、ティッシュの箱を同じ場所から滑らせ、目印の一番近くに持っていけた人が勝ち。

▶距離感を測って、力の入れ方などを調整するので、推察力や創意工夫力も鍛えられます。▶瓶や缶などを左右に立てて、その間にうまく収められた人が勝ち、もしくは、マスキングテープなどで線を横に引き、各得点を決めて一番高い得点に収められた人が勝ち、などにしても盛り上がるでしょう。

フローリングあみだくじ

→ 規則性を見たり、形で捉えたりする力がつく

うさちゃんに
近づいたほうの
勝ちね

遊び方

フローリングの線を使って、あみだくじをする

▶単純ですが、意外に盛り上がります。▶子どもは一番右の線、親は一番左の線で、どこに行きつくか調べたりするのも楽しいです。▶どこか適当にものを置いて、近づけたほうが勝ちというゲームにしてもいいでしょう。▶規則性を見たり、床の広がりを形で捉えたりする感覚が磨かれます。

お風呂で水鉄砲

➡ 集中力や語彙力も育つ

遊び方

お風呂の壁に、水で消せる水性クレヨンで的を描いて、水鉄砲
で当てて遊ぶ。

▶水遊びが好きな子は多いので、きっと喜んで遊ぶでしょう。▶的
に当てるだけでなく、お風呂の壁に貼れるひらがな表などを使っ
て、ことば当てゲームをするのもおすすめ。▶「食べ物」などテー
マを決めて、親子で順番に表の文字に向かって水鉄砲を撃ちます。
▶慣れてきたら、しりとりをするのもいいでしょう。▶空間認識力
だけでなく、集中力や語彙力も育ちます。

割りばしマジックハンド

→ 伸び縮みについて知る

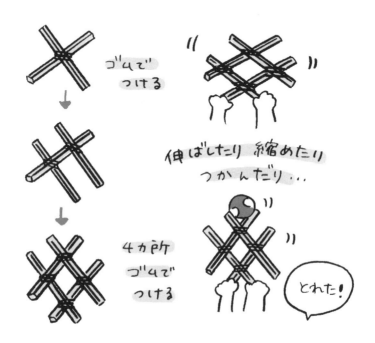

ゴムでつける

伸ばしたり 縮めたり つかんだり…

4カ所 ゴムでつける

とれた!

遊び方

割りばしを4膳以上用意する。格子状に組み合わせたら輪ゴムで止めて、マジックハンドをつくる。家にあるいろいろなものをマジックハンドでつかんでみる。

▶工作そのものにも楽しみがありますし、距離感をつかめるようになります。▶また、力の入れ具合で長さが変わる伸び縮みの感覚も子どもにとっては不思議なもので、面白い遊びでしょう。

紙風船

→ 広さ、遠さ、高さを体感する

遊び方

子どもと一緒に紙風船で遊ぶ。遠くに飛ばしたり、はたいたり思うままに！

▶紙風船を知っていますか？▶お父さん、お母さん世代にとってもあまり馴染みがないものかもしれません。▶100円ショップなどで売っているものを使ってもいいですし、新聞紙などでつくることもできます。▶遠くに飛ばしたり、落とす場所を決めてはたいてみたり、いろいろとやっているうちに、空間の概念が身につきます。

MEMO 子どもの目線を上に向けて！

今の子どもは、ゲームやタブレットなど、とかく下を向きがちです。日常の中でも、意識して上を見上げるように仕向けましょう。遠い、近い、高い、低いといった空間の認知が自然に育まれていきます。

※新聞紙でのつくり方は86ページ参照

わなげ

→ 距離感をつかむ

子どもと一緒にわなげをする。対戦型にすると盛り上がる。

▶距離感は、家の中にいると忘れてしまいがちな感覚です。▶わなげは、力の強弱で距離が変わることを知るのにうってつけのおもちゃ。▶また、丸めた紙を箱に投げ入れても同じ力が養われます。

肩車さんぽ

→ 空間の広がりや立体を認識する

遊び方

肩車をしながら、家の中を楽しくさんぽしてみる。

▶子どもは高いところに登るのが大好きです。▶なぜでしょう。▶普段見えているものが、違って見えるからです。▶肩車をしたり、少し高いところに立たせてあげたりしながら、何がどう見えるかを話し合いましょう。▶角度によって見え方が違うことを体感しながら、広さや高さ、立体の概念を身につけることができます。

ぴったりおもちゃ箱

→ 空間について深く知る

遊び方

おもちゃ遊びのあとの片づけタイムを活用する。何を、どういう順番で箱に入れれば、きれいに片づけられるのかを一緒に考える。

▶片づけは親にとって一番の悩みのタネかもしれませんが、遊びに変えてしまいましょう。▶大人が一旦片づけて、それを写真に撮ってから、再度全部出して、次は子どもにバトンタッチ。▶最後は写真と見比べて判定します。▶この遊びによって、空間をさまざまな方向から捉えることができるようになります。▶きれいに入れられるようになったら、時間を競ってもいいでしょう。

スマートフォンで遠近遊び

→ 距離感、比率の概念を知る

遊び方

スマートフォンのカメラ機能を使った遊び。遠近法を利用して、楽しい写真を撮影する。

▶遠くにあるテレビを、子どもの手のひらに載せた写真を撮る、小さいはずの人形をママより大きく撮る……といった具合です。
▶何をどう置けば、どんな写真が撮れるのかを考えているうちに、子どもは距離感をつかんでいきます。

MEMO 「不思議だ」と思う気持ちに共感！

この遊びをしていると、目で見たときの見え方と、写真に撮ったときの見え方が異なることに気づくでしょう。この「なぜだろう」「不思議だ」と思う感覚は大事にしたいもの。正しく解説してあげることも大切ですが、一緒に「不思議だね」と共感することも忘れないようにしたいものです。

つくってみよう！　新聞紙で紙風船

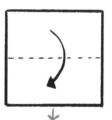

新聞紙を正方形
にして用意

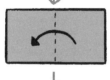

点線で矢印の方
向へ折る

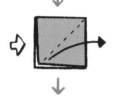

ふくろを開いて
広げてつぶすよ
うに

裏返して同様に

点線で矢印の方
向へ折る
うしろも同様に

点線で矢印の方
向へ折る
うしろも同様に

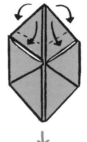

点線で矢印の方
向に折り、ふく
ろの中に差し
込む
うしろも同様に

矢印から空気を
入れてふくらま
せる

第 5 章

想像力を培う遊び

折り紙切ったらどんな形？

→ 推測する力が身につく

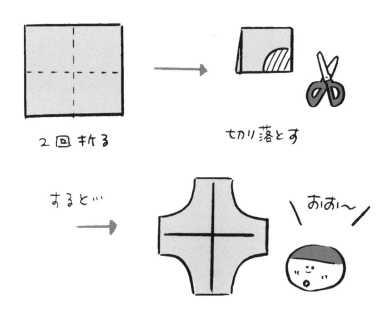

2回折る

切り落とす

すると…

おぉ〜

遊び方

折り紙を2回折り、どこか1カ所切り落とす。開いたら、どんな形になるのかを予想する。

▶折り紙は造形玩具としてだけでなく、折るとどんな形ができるのかを先読みして想像する力を育むことができます。▶また、4つに折って1カ所切ったあとに折り紙を開くと同じ形が4つできますね。▶これは規則性を知るきっかけにもなります。▶折り紙はとてもすぐれた知育玩具なのです。

折り紙ぐしゃぐしゃ遊び

→ 図形・ものの形状を認識する

遊び方

折り紙をぐしゃぐしゃと丸めたあと、広げる。丸めたときについたシワを一緒に見ながら、「何に見えるかな？」と形から見えるものを想像する。

▶無造作にできた線の集合から、想像力を働かせて、何かの形を見つける遊びです。▶折り紙を上手に折ることのできない、小さな子でもできます。▶小さな子どもの思いがけない発想に親も楽しくなります。

ミステリーツアー遊び

→ 想像力を駆使する!

遊び方

子どもに目隠しをし、手を引いて家の中を歩き回る。適当な場所で足を止めて「ここはどこでしょう?」とクイズを出す。

▶外遊びができないときでも、家の中でドキドキワクワク気分を味わえる遊びです。▶方向感覚のしっかりしている子の場合には、最初にグルグルと体を回してからスタートすると、難易度が上がります。▶大人と子どもをチェンジすれば、大人の目線を意識して誘導するという想像力も必要とされますね。

お人形かくれんぼ

→ 想像力、考える力、表現する力がつく

遊び方

家にあるお人形を隠して探し合う。なかなか見つからないときには、お互いにヒントを出し合うといい。

こんなところにも…

▶人でするかくれんぼは、家の中でやってもすぐに見つかってしまいます。▶そこで、お人形を隠しましょう。▶隠す際、どこに隠せばいいか考えますし、探す際には「ママなら……」と他人の考えを想像します。▶ヒントを出すときは、隠した場所をどう表現すればいいかも考えます。

MEMO 大人も必死に遊ぼう!

子どもと遊ぶとき、「遊んであげる」という意識ではなく、「一緒に遊ぼう」という気持ちを持つと俄然盛り上がります。かくれんぼは子どものほうが得意な遊び。手加減は無用です。

目隠しドラム

→ 想像力、気づく力を鍛える

遊び方

親か子、どちらかが目隠しをする。一方が、机や壁、鍋などさまざまなものをたたく音を聞かせ、もう一方が何の音かを当てる。

▶テーブルをたたく音、お皿をはじく音など、普段から馴染んでいるはずの音ですが、目隠しをすることで、音だけに集中し、そこから何の音かを想像することができます。▶繰り返すうちに、子どもは同じようにたたいても、ものによって音が変わることに気がつきます。▶この「発見」はとても重要。▶発見を繰り返すことは学びそのものですし、発見を楽しめると学ぶことが楽しくなります。

一本線お絵描き

→ 相手のイメージを想像する

遊び方

1枚の紙に親子でひとつの絵を描く遊び。最初に親子それぞれ
で描きたい絵をイメージする（お互いに言わない）。ルールは
1回のターンでは1本しか線を引かないこと。交互に線を引き
合いながら、絵を完成させていく。

▶各々のイメージが一致することはまずありませんので、違うゴー
ルを目指しながら、ひとつの絵を描いていきます。▶自ずとおかし
な絵ができあがるので、子どもはおもしろがって何度もやろうとし
ます。▶途中で大人が、子どもの意図に気がついたら、それにそっ
と合わせてあげてもいいでしょう。▶一緒に取り組むことで、親子
のコミュニケーションが育まれます。

うちわゴルフ

→ 工夫する力、推測する力が養われる

ゴールは
ミーちゃんのところ！

遊び方

家にある紙を丸めてボールをつくる。ゴール地点を設定しておき、うちわでボールをあおぎながら、ゴールまで運ぶ。

▶年齢を問わず楽しめる遊びです。▶親子で競争してもいいですし、一緒にボールをあおいでもいいでしょう。▶あおぎ方やボールの形状によってボールの転がり方が変わることに、子どもは自然と気がつくでしょう。▶物理的な力を楽しみながら知ることのできる遊びです。

トントンずもう

→ 工夫する力が身につく

紙を二つ折りにして、親子それぞれに力士をつくり、土俵に見立てた縁を描いた箱の上に載せる。箱の四隅をトントンと叩き、振動で倒れたほうが負け。

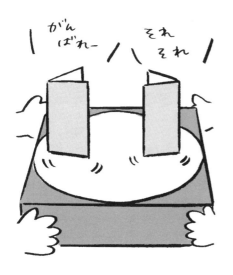

がんばれー

それそれ

▶この遊びのポイントは、力士を自分でつくること。▶最初は親がつくってあげますが、勝負を重ねているうちに、子ども自身がカスタマイズするようになるといいですね。▶「こうしたら倒れにくいんじゃないか」と探究する心や、工夫することの楽しみを知ることにつながります。

MEMO 反則っぽい工夫をしてもOK！

たとえば、折り目にセロハンテープを貼って固くしたり、クリップをつけて重くしたり……。親が「それでは勝負にならない」と思うような工夫を始めても、止めてしまわず、むしろ一緒に面白がるのがおすすめ。子どもの思う工夫をどんどんさせてあげましょう。

額縁折り紙

→ 観察力、発見力、表現力を総合的に養う

フワフワの
お山が
ある！

折り紙の真ん中を四角く切り抜いて、額縁をつくる。その中に
見えるものを絵画に見立てて、タイトルをつける。

▶同じものでも一部分を切り取って見ると、まったく違ったものに
見えます。▶何に見えるかを考えたり、どう切り取ればイメージに
あった絵がつくれるかを考えたり……。▶視点を変えることで想像
の幅が広がります。

何でもジグソーパズル

→ 観察力、勘の鋭さを培う

遊び方

広告や新聞紙、包装紙などを用意し、適当に破る。ジグソーパズルのようにそれを復元する。

うーん

▶家にある紙なら何でも構いません。▶あまり細かく破るとやりづらくなるので、最初は親が適度に破いてあげましょう。▶子どもによっては、全体をじっと眺めたうえで手を動かすタイプ、あるいは手当たり次第にやってみるタイプなど、さまざまな傾向があります。▶子どもの行動を観察するのも面白いです。

MEMO 白い紙でチャレンジ！

パズルが得意な子どもなら、白い紙でやってみてもいいでしょう。色や柄などのヒントがない分、ものの形をじっくり観察する力が養われます。

袋の中は何でしょう？

→ 手触りから想像する力がつく

遊び方

紙袋の中にものを入れておく。子どもは目隠しをして、紙袋に手を入れ、それが何かを当てる。

▶ザラザラ、ツルツルといった触感からものを想像する遊びです。
▶慣れ親しんだおもちゃでも、改めて触ってみることで新しい発見があるでしょう。▶親子で当てる役を交代して続けましょう。

第 **6** 章

集中力を
身につける遊び

表面張力チャレンジ

→ 極限の集中力を養う

ドキドキ
するねぇ

遊び方

コップに水を少しずつ注いでいき、表面張力が働くギリギリの
ところで止めることに挑戦する。

▶乱暴にやると表面張力が働くところは見られません。▶そーっと
そーっと注ぎ足していくと、コップのフチの高さを超えて、水がま
あるく盛り上がります。▶子どもは何度も何度も繰り返しますの
で、親は「おしい！」とその場を盛り上げる役に徹しましょう。
▶小さな子の場合は、大人がやって見せてあげるといいです。

スローモーション遊び

→ 体をコントロールする力と観察力がつく

> **遊び方**
>
> 1分かけてドアを開ける、30秒かけて歩くなど、日常動作を
> ゆっくりする。親子で同じ動作をやると楽しい。

▶ゆっくり動くことで、自分の体を繊細にコントロールすることは
もちろん、「このときに手はどうなっているか」「足はどの順序で床
から離れるのか」など、動作の詳細を観察する力も育まれます。▶
子どもは、工夫して、日常を遊びに変えることが得意です。▶子ど
もが勝手に始めることに、親も参加しましょう。

旗あげゲーム

→ 聞いたことを瞬時に判断する力が育つ

遊び方

赤と白、2つの旗を用意して手に持つ。親の「赤あげて」「白あげないで」「赤あげて」などの号令に合わせて手を動かす。

▶昔ながらの遊びですが、大切なことがたくさん詰まっています。
▶相手の言うことを集中して聞き、それを瞬時に判断し、体を動かす力が必要な遊びです。▶このような力は学校の勉強では育まれにくいものです。▶遊びの中でこそ育まれる力がたくさんあるのです。

「たぬき」音読

→ 読む力、注意力が身につく

遊び方

本を音読するときに、「た」を見つけたら、そこを飛ばして読む。

あしたはケンタくんたちと
たこあげ

↓

あしはケンくんちと
こあげ

ワハハ！

▶「あしたはケンタ君たちと凧揚げ」という文章があったとしましょう。▶「た」を読まないので「あしはケンくんちとこあげ」となるわけです。▶おかしな文章になるのが楽しくて、子どもはゲラゲラ笑います。▶この遊びでは、「た」に注意しながら文章を読み進めます。読む力だけでなく、注意力も養われます。

MEMO 飽きてきたら、ルールを変えて

音読は読む力をつけるのに必須ですが、「本を読みなさい」と言うだけでは、子どもは楽しくありません。「たぬき」の次は、「らぬき」「いぬき」といろいろなルールで読んでみましょう。いつものお話がまったく別のお話になるので、飽きずに繰り返して読めます。

ひとりでじゃんけん

→ 純粋に集中力が鍛えられる

あちゃー

あれれ

パーの

勝ち！

遊び方

右手と左手でじゃんけんをする。

▶何度やっても右手と左手があいこになってしまうなど、なかなか難しい遊びです。▶大人でも集中しないと上手にできません。▶そんなとき、上達することを目的にするのではなく、一緒に「また、あいこだぁ！」と笑いましょう。▶親子で交互にやって、お互いにジャッジしあうと楽しいでしょう。

どこに行った？

→ 観察力と瞬時に判断する力を養う

遊び方

ビー玉やコインなどを用意し、親が左右の手のひらを行ったり来たりさせる。何度か往復させたのち、「どーっちだ！」と子どもに当てさせる。

▶いつでもどこでもできる遊びですが、かなりの観察力が必要な遊びです。▶電車に乗っているときや順番を待っている間など、子どもが落ち着かないときにすると、スッとのめり込むので便利な遊びでもあります。

トランプタワー（3枚）

→ 呼吸をしずめて集中する

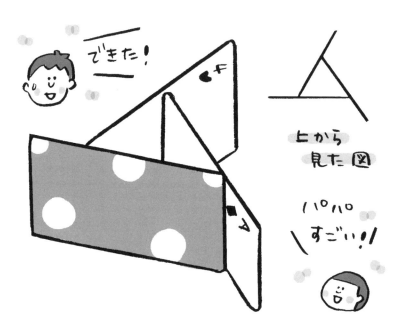

遊び方

トランプのカードを3枚用意する。お互いを立てかけるように
組み合わせて立てる。

▶息を殺して作業をする緊張感を味わう遊びです。通常のトランプ
タワーよりはずっと簡単ですが、それでも小さな子には難しいかも
しれません。▶そんなときは、親が取り組む姿を見せてあげましょ
う。▶必死になる姿に子どもも引き込まれていくはずです。

ギリギリ割りばし

→ バランス感覚と観察力を養う

机の外側に太いほうが来るようにして割りばしを置き、割りばしを外に追いやるように指でつつく。親子で交互につつき、落としたほうが負け。

▶繊細な力加減やバランス感覚が養われます。▶どの向きに、どのくらいの力でつつけば落ちないのか、また相手を窮地に追い込めるのかなどを考えながら遊びます。▶ペットボトルのふたの上に割りばしを載せてもOK。

MEMO 片側に重しを置いてみても

割りばしの細いほうに、重しを置いてやってみても楽しいです。たとえば、つまようじを置く場合、置く向きによってもバランスが変わります。いろいろなものを試しているうちに、「目方」の感覚を身につけることができます。

スポイトシューティング

→ 目測する力を養う

遊び方

紙にダーツの的のように円を描き、テーブルや床に置く。スポイトに水を吸わせ、上から的に向かって水滴をポトリ。より高いところから命中させられたほうの勝ち。

▶スポイトがない場合には、ストローで代用（水を吸って指で止めてから離す）してもOK。▶また、この遊びはお風呂でもできます。▶水で消せるクレヨンで的を描き、指先からしずくをポトリ。▶しずくを大きくしたり、小さくしたりしても変化を楽しめます。▶豆腐にしょうゆを一滴だけたらす、というアレンジもOK。

レットトライ ▶▶▶ こらえてみよう！

叱ったり、注意したりするのを
我慢して遊びに移行！

たとえば、子どもがゴミ箱に物を投げ入れたとき、すぐに叱っ
ていることはないでしょうか。また、子どもが高いところに登
ろうとすると、「危ない！」と注意してしまっていないでしょ
うか。そこはぐっとこらえて、前者なら物を投げ入れる遊びに
移行してみたり、後者ならさりげなく登るサポートをしなが
ら、子どもが見ようとするものを一緒に見てみたりしてはいか
がでしょう。

レットライ ▶▶▶ とにかく一緒に!

上手にできなくてもOK!

紹介している遊びの中には、難しいものもあります。上手くできないものがたくさんあるでしょう。そんなときは、文句を口には出さず、上達を目的にするのはやめてしまいましょう。できないことを、子どもと一緒に笑い合うのです。愛されている実感は、一緒に何かをしているときに育まれることを心にとどめておきましょう。

第 **7** 章

運動神経を
刺激する遊び

あと出しじゃんけん

→ 瞬時に判断する力を鍛える

「勝つのを出してね」と最初に決めたうえで、じゃんけんポン！ 親の出した手に勝つ手を、あと出しで出す。親子で交代したり、「負ける手を出す」と決めたりしながら繰り返す。

▶「じゃんけんポン！」「ハイ！」のリズムに合わせて、瞬間的に自分の出すべき手を判断します。▶相手の出した手を目で見て頭で判断し、すぐさま自分の手を動かすのですから、多くの刺激を脳に与えることになります。▶楽しみながらやれば、どんどん上達し、大人が参ってしまうこともあるでしょう。

ティッシュをキャッチ！

→ 軌道を予測する力を育む

とれるかな？

> **遊び方**
>
> ティッシュを１枚用意し、親が高いところからヒラヒラと落とす。床にティッシュが落ちる前にキャッチできればOK！

▶不規則に舞うティッシュ。▶それを見ながら軌道を予測し、自分の体を動かします。▶慣れてきたら、２枚重なっているティッシュを１枚にして同じことに挑戦！▶また、ティッシュに切れ目を入れると、落ちる動きがより不規則に。▶この遊びをする際には、足元に危ないものがないか、注意してあげましょう。

床 de ボルダリング

→ 四肢のバランス感覚につながる

次は
あの丸に
行こう

遊び方

わなげの輪などを用意し、床に適当に置く。ボルダリングのように、輪っかから輪っかへ、手足を使って移動する。

▶輪がない場合には、消せるクレヨンで床に描いてもいいでしょう。▶ボルダリングは、思考力と体、両方を一度に使うスポーツで、それを遊びに置き換えたものです。▶子どもは体が柔らかいので、案外遠くまで上手に移動できます。

おうちウォーキング

→ いつもと違う動きで体幹を鍛える

遊び方

家の中を「普通に歩く」以外のスタイルでウォーキングする。
たとえば、足を伸ばしておしりだけで歩く「おしり歩き」など。

▶歩き方は自由です。▶
「おしり歩き」のほかに、
右手と右足を同時に出す
「なんば歩き」、ヒヨコのように腰を落として歩く「ヒ
ヨコ歩き」、クマのように
四つん這いになる「クマ歩
き」など。▶オリジナルを
親子で考えながらやってみ
ましょう。

MEMO 雑巾がけができない子どもたち

体を動かす機会が少ない子どもたちの中には、雑巾がけができ
ない子もいるといいます。四肢のバランスがうまく取れないた
めに、四つん這いの姿勢が難しいのでしょう。小さなころか
ら、いろいろな動きに取り組みたいもの。工夫次第で、家の中
でも十分可能です。

お手玉遊び

リズムよく手を動かす

遊び方

昔ながらのお手玉遊び。お手玉を2つ用意して、ひとつが空中にある間に、もうひとつを一方の手からもう一方の手に移動させる。これをリズミカルに繰り返して。

▶若い世代のママ＆パパには馴染みが薄いものかもしれませんが、お手玉は運動神経を刺激するのにとてもいい遊びです。▶家にお手玉がなければ、生ゴミ用のネット（目の細かいもの）を何枚か重ねてボール状にしても構いません。▶歌を歌いながら上手にやって見せてあげると、子どもは目を丸くすることでしょう。

寝転んでキャッチ
→ 反射神経を刺激する

仰向けに寝転んで、上に放り投げたお手玉をキャッチ！ 親子で寝たままキャッチボールをしてもいい。

▶何かをつかんで離すという指先の動きは脳に刺激を与えます。▶そこにお手玉の動きが加わることで、反射神経も使います。▶また、寝転んでお手玉を真上に投げることは意外と難しく、方向と距離の感覚も刺激されます。

MEMO　小さなころは体全部を使って遊ぼう

一流のスイマーであっても、球技はからきし……ということがあります。小さなころからスポーツに取り組んでいると、運動神経全般がよくなりそうですが、特定の動きばかりすることで体のバランスが崩れるという場合もあります。スポーツに取り組む利点はたくさんありますが、一方で幼少期に体全体を目一杯使って遊ぶことの重要性も知っておいてほしいと思います。

お手玉けまり

→ 足を自在に動かす

遊び方

サッカーのリフティングの要領で、お手玉を足から足へと。親が手で投げて足でキャッチから始めても。

▶足を、まるで手のように繊細に動かす機会は、生活の中ではなかなかありません。▶なので、最初は難しいかもしれませんが、慣れてくれば、高く蹴り上げたものを受け取れるようにもなります。▶生活の中で、足でゴミをつまんだりするとついつい「お行儀が悪い！」と言ってしまいますが、ときには「上手ねえ」と感心してあげる心の「遊び」も持ってみましょう。

モデルウォーク

→ 平衡感覚を養う

遊び方

頭にお手玉を載せたまま、落とさないように歩いてみる。いくつ載せられるかな？

▶頭を動かさずに歩くためには、自分の体がどうなっているのかを把握する必要があります。▶「歩く」という無意識の行為を意識して行なうことで、自分の体を意識することができ、平衡感覚も養うことができます。▶上手に歩けるようになったら、障がい物を置いたり、肩や手のひらにお手玉を載せたりして歩いてみましょう。

お手玉入れ

➡ 距離感、力の入れ加減を知る

遊び方

お手玉で玉入れをする。カゴは、家にある入れ物なら何でも
OK！

▶カゴの大きさや、カゴまでの距離を変えることで、いくらでも幅を広げることができる遊びです。▶アンダースローで投げたほうが安定するとか、上から投げ下ろしたほうが遠くまで投げられるとか、いろいろな発見があるでしょう。

MEMO あるもので工夫して楽しむ

お手玉がない場合には、タオルを丸く結んだり、靴下をボール状にしたり、新聞紙を丸めたり……。道具は何でも構いません。カゴも、ティッシュの空き箱でもいいですし、ゴミ箱でもOK！ ハンカチを広げて「ハンカチに載せられたらOK！」でもいいのです。家にあるものを上手に使って遊ぶことは、創意工夫の楽しさを知る入り口となるでしょう。

昔ながらの遊びは新鮮！

お手玉、おはじき、メンコ、ケンケンパなどは昔からある子ど
もの遊びですが、今のママ＆パパ世代の中には「やったことが
ない……」という人もいるでしょう。であれば、子どもと一緒
に挑戦してみましょう。先生は、おじいちゃんやおばあちゃ
ん。聞けば、どんどん教えてくれますよ。

　コーディネーションとは、1970年代に旧東ドイツで生まれた理論で、状況に合わせて体の動きを調節する能力のことをいいます。

　コーディネーション能力は、距離感を把握して力加減をコントロールする「定位能力」、合図に合わせて素早く動く「反応能力」、関節や筋肉をスムーズに連動させる「連結能力」など7つの力に分類されますが、最終的にはそれぞれが連動して、自分の思い通りに体を動かすことになります。

　さて、このコーディネーション能力は幼児期〜児童期に伸ばすとよいと言われています。なぜなら、図を見るとわかるよう

スキャモンの発育型

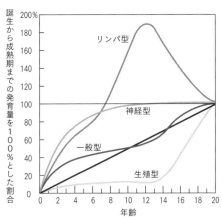

出典:『成長期女性アスリート指導者のためのハンドブック(発育・発達について)』
(国立スポーツ科学センター)

に、神経型は5歳くらいで成人の約80%に達すると言われて
いるからです。

　では、コーディネーション能力を伸ばすにはどうしたらいい
のでしょうか。

　専門家によれば、特定のスポーツに取り組むのではなく、
ボール遊びやおにごっこ、お手玉など、さまざまな遊びに取り
組むことが有用だそうです。

　つまり、幼児期に体のいろいろな部分を使ってたくさん遊ぶ
ことが、とても大切だと言えるのです。

おわりに

　本書を手に取ってくださってお読みいただき、ありがとうございました。

　ご紹介した「遊び」の中に、お気に入りのものは見つかったでしょうか。楽しく親子で遊ぶ時間が少しでも増えたなら幸いです。

　さて、本書では冒頭で理論めいたことをたくさんお話ししました。また第2章以降において「遊び」を6つの力に分けて掲載しています。これを見て、真面目な読者の皆さんは、「うちの子には語彙力を身につけてほしいからこの遊びをしよう」というふうに、「遊ばなきゃ」という思いにかられたかもしれません。

　できれば、それはしないでほしい、というのが本音です。

　遊びを分類したのは、お子さんの興味や関心の傾向をつかむヒントになればと考えたためで、遊びを選択するための分類ではないからです。

　「遊び」を選ぶ際には、「楽しめそうなもの」という観点で選ぶように、お願いしたいと思います。

　遊びにそれぞれ愛らしいイラストが添えてありますから、それを見てお子さんが惹かれたものでもいいでしょう。

　子どもは、自分で育つ力を持っています。

自分の感性で好きなものを選び、それに取り組むことで、どんどん成長していくのです。

　親がすべきことは、その力を信じ、適切な距離で見守ること。あとは、一緒に楽しい時間を過ごせばいいのです。

「一緒に楽しく」。本書で繰り返し述べてきました。

　この本が、その参考になれば、こんなにうれしいことはありません。

　すべての子どもに幸せな未来を。

　すべての親子にかけがえのない時間を。

小川大介

装幀　　岡西幸平（カンカク）
挿画・イラスト　　おおたきょうこ
編集協力　　清塚あきこ
本文デザイン・組版　　朝日メディアインターナショナル株式会社

〈著者紹介〉

小川大介（おがわ・だいすけ）

教育家。見守る子育て研究所 所長。
1973年生まれ。京都大学法学部卒業。学生時代から大手受験予備校、大手
進学塾で看板講師として活躍後、社会人プロ講師によるコーチング主体の
中学受験専門個別指導塾を創設。子どもそれぞれの持ち味を瞬時に見抜
き、本人の強みを生かして短期間の成績向上を実現する独自ノウハウを確
立する。塾運営を後進に譲った後は、教育家として講演、人材育成、文筆
業と多方面で活動している。6000回の面談で培った洞察力と的確な助言が
評判。受験学習はもとより、幼児期からの子どもの能力の伸ばし方や親子
関係の築き方に関するアドバイスに定評があり、各メディアで活躍中。
『頭のいい子の親がやっている「見守る」子育て』（KADOKAWA）など
著書・監修多数。

Facebookページ：小川大介の『見守る子育て研究所』
You Tubeチャンネル：見守る子育て研究所
Instagram @daisuke.o_edupro
Twitter @Kosodate_Ogawa

協力 遠山彬彦（Dig-A-Doo）
ボードゲーム作家。代表作『かなカナ』。「遊んで、笑って、成長する」こ
とをコンセプトに、遊びを通じた研修やワークショップの製作・運営も手
がける。本書ではそれらの経験を元に「遊び」のアイデア出しにかかわる。

勉強に必要な6つの力が育つ
6歳までの楽しい「おうち遊び」

2021年7月13日　第1版第1刷発行

著　者　小川大介
発行者　櫛原吉男
発行所　株式会社PHP研究所
　　　　京都本部　〒601-8411　京都市南区西九条北ノ内町11
　　　　〔内容のお問い合わせは〕教育出版部 ☎075-681-8732
　　　　〔購入のお問い合わせは〕普及グループ ☎075-681-8554
印刷所　株式会社光邦
製本所　東京美術紙工協業組合